AF452939

CONFÉRENCE

PAR

LE PRINCE HENRI D'ORLÉANS

23 FÉVRIER 1900

PARIS

ERNEST FLAMMARION, ÉDITEUR

26, RUE RACINE, PRÈS L'ODÉON

CONFÉRENCE

PAR

LE PRINCE HENRI D'ORLÉANS

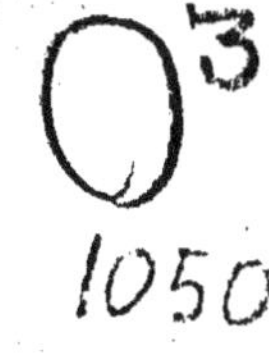

ÉMILE COLIN, IMPRIMERIE DE LAGNY (S.-ET-M.,

CONFÉRENCE

PAR

LE PRINCE HENRI D'ORLÉANS

23 FÉVRIER 1900

PARIS

ERNEST FLAMMARION, ÉDITEUR

26, RUE RACINE, PRÈS L'ODÉON

CONFÉRENCE

Monsieur le Président,

Mesdames, Messieurs,

Il m'est particulièrement agréable d'avoir l'honneur de prendre la parole à Marseille. Je ne puis oublier que c'est de Marseille que je suis parti pour mes voyages, que c'est dans votre ville que j'ai été si cordialement reçu au retour de mes explorations, que c'est cette belle côte de Provence qui se présente toujours jeune et riante aux voyageurs et aux coloniaux fatigués, pour dissiper en un rayon de lumière ou en rayon d'amour jusqu'au souvenir de leurs peines et de leurs déboires.

Et ceux qui, dans la joie de retrouver le

sol natal, ont encore un regret pour le charme puissant, quoique perfide parfois, des colonies, ne trouvent-ils pas encore une saveur des contrées qu'ils ont quittées dans la vieille colonie phocéenne, toujours fidèle à ses anciennes traditions?

Marseille est restée africaine comme par devant. Lorsque nous venons y chercher le navire qui nous conduira au loin, en descendant la Canebière il nous semble déjà que nous faisons un pas vers la plus grande France d'outre-mer. C'est que nous coudoyons des coloniaux, nous heurtons de vieux marins, nous croisons des armateurs, des commerçants qui ont étendu dans les contrées les plus reculées l'influence française.

Aussi suis-je bien mal venu de vouloir enseigner un auditoire dont j'aurais tant à apprendre moi-même. Je dirai simplement ce que je pense, ce que j'ai vu; ma sincérité me vaudra, j'espère, votre indulgence.

Je viens vous parler de l'Abyssinie et un

peu du Transvaal. Pour vous expliquer la situation de ces pays, je me vois obligé de parler du cadre dans lequel ils se trouvent placés. Le cadre, c'est l'Afrique. Vous m'avez accueilli en voyageur, je ne ferai pas de politique. Si le sujet qui m'anime me force à effleurer les grandes lignes de la politique africaine dans ces derniers temps, je glisserai le plus légèrement possible, et vous voudrez bien m'excuser.

Vous ne voudriez pas m'engager à vous raconter l'exploration et la conquête de l'Afrique; je devrais abuser de votre patience pendant plusieurs nuits; peut-être même défaillerais-je à la tâche. Il me faudrait remonter au voyage d'Hannon, quelque cent ans avant Jésus-Christ; nous devrions examiner si, dans les fameuses terres du Transvaal, il ne faut pas voir une trace du passage des Phéniciens, et si ce n'est pas dans l'antique Ophir que les nouveaux Carthaginois vont porter leurs armes.

Nous devrions également nous demander

comment est venu à Madagascar le fameux éléphant de pierre.

De nombreuses questions analogues peuvent tenter votre curiosité. Elles doivent trouver leur réponse dans des travaux d'un autre genre que celui que j'entreprends.

Ce qui nous importe actuellement, c'est d'examiner la situation africaine telle qu'elle est. La France a donné sur ce continent l'exemple des grandes conquêtes en s'emparant de l'Algérie. Si nous examinons notre domaine, nous le voyons peu à peu s'étendre; un grand ministre ne craignit pas d'encourir le reproche immérité de germanophilie pour nous doter de la Tunisie.

Plus au sud, plus à l'ouest, la France marquait de pages glorieuses l'histoire de son empire colonial; les petits domaines s'agrandissaient, les conquêtes faisaient taches d'huile; la possession du Sénégal s'étendait jusqu'au Niger; les riverains du grand fleuve concluaient des traités avec nous; puis c'était la prise de Tombouctou d'un côté et de l'autre la conquête du Dahomey. Enfin la marche vers le Tchad dont les eaux devaient un jour être frappées par les roues d'un vapeur français.

Je n'ai pas besoin de vous rappeler ici la grande épopée dont le récit, vivant toujours, ne cesse d'étonner le monde, et dont les héros ont porté notre cher et beau drapeau à travers l'Afrique, la coupant de deux grandes lignes du Niger à la Tripolitaine, et du Congo au Nil. Ils allaient de l'avant, traversant les déserts comme les mages, en regardant bien haut une étoile. L'astre qui brillait pour eux s'appelle l'idéal. Il s'éclaire de la lumière de la foi, faite elle-même de l'amour de la patrie et du sentiment de l'honneur.

On marchait vraiment pour la civilisation; l'hypocrisie eût peut-être été plus de mise.

Le rêve était trop beau; les conceptions grandioses avaient trouvé des géants pour les exécuter. Elles n'eurent pas toujours des géants pour les ratifier.

Certains esprits français s'effrayèrent de projets trop grands.

On en fut surtout inquiet de l'autre côté de la Manche. Notre fanfare fut interrompue par les deux glas de Boussa et de Fachoda.

Messieurs, je vais faire appel à votre indulgence ; à mesure que je m'étends sur le terrain africain, je me rends compte de l'immensité du sujet que j'ai abordé, et aussi de ma témérité.

Vous me pardonnerez de passer, volontairement ou non, sous silence, bien des côtés de la question africaine ; mon désir n'est que de mettre en relief ceux seulement dont l'examen me semble nécessaire pour jeter une clarté sur le sujet qui nous occupe.

L'expansion anglaise doit être de toute nécessité illimitée. Plus l'Angleterre a de colonies, plus elle doit en acquérir ; plus elle a de débouchés, plus il lui en faut de nouveaux. On peut se demander déjà vers quelle planète elle devra tourner ses regards, le jour où la terre lui semblera trop petite.

A moins que son appétit n'ait dépassé ses moyens, qu'en un mot, elle ait eu les yeux plus grands que le ventre, et qu'il ne lui faille rendre des aliments mal digérés. Peut-être est-ce cette préoccupation qui tourmente certains esprits avisés, lorsqu'ils considèrent l'Inde ; d'aucuns, en Angleterre, songent que la domination anglaise aux Indes est assise sur des bases artificielles et n'est pas de toute sécurité ; qu'on y sent d'ailleurs déjà l'haleine du colosse Russe.

A l'égard de leurs ancêtres, au moins du côté paternel, les Yankees ne sont pas toujours aimables ; ils se souviennent des conseils qu'on leur donnait quand ils étaient petits. Au Vénézuéla ils ont eu la main lourde. Le flegme britannique a senti la taloche, mais n'a pas marqué le coup.

En Australie souffle aussi un certain vent d'indépendance ; on dit que dans les rues des grandes villes il apporte parfois les accords de la *Marseillaise*.

Les considérations que je viens d'énumérer, et différentes du même ordre, ont fait songer l'Angleterre et l'ont poussée à s'occuper tout spécialement de la côte africaine.

A l'Ouest, la question qui l'intéressait le plus particulièrement, celle de la navigabilité du Niger, se trouva assez facilement résolue. On avait bien jadis employé des arguments *ad hominem ;* M. Mizon en sait quelque chose.

Pour ce qui regarde l'Est et le Sud de l'Afrique, un vaste projet lentement éclos, germé, mûri dans le cerveau de quelques hommes d'État anglais, s'était peu à peu fait jour, et avait apparu, effrayant par sa hardiesse, par la volonté éclatante de manifester l'omnipotence britannique, et aussi par le mépris qu'il devait entraîner de la part de la Grande-Bretagne, de tout, fût-ce le droit le mieux établi, ce qui s'opposerait à sa réalisation.

On conçoit facilement les phases d'évolution de l'idée première et en suivant son développement on assiste en même temps aux actes et aux manœuvres d'une politique dépourvue de scrupules et tendant à un but déterminé.

Il faut d'abord la clef de la route des Indes ; puisqu'on n'a pu empêcher, malgré les troubles suscités parmi les travailleurs et dénoncés récemment par M. Charles Roux, M. de Lesseps de terminer son canal, on l'achètera.

Le Khédive a besoin d'argent, la cavalerie de Saint-Georges marchera.

Le canal pris, on s'emparera de l'Égypte. Vous avez tous présentes à l'esprit les circonstances à la suite desquelles les troupes anglaises débarquèrent seules en Égypte et, avec le triomphe aisé de Tell-el-Kébir, en monopolisèrent les bénéfices.

Jetons un voile sur ce passé douloureux.

La basse Égypte conquise, pour mener à bien le plan, il fallait s'emparer du bassin de la mer Rouge et du Soudan.

D'un côté, Aden était déjà fortifiée au mépris des engagements de ceux qui nous avaient défendu d'occuper Cheik-Saïd. (La défense est toujours respectée.)

Pour venir à bout de ses fins, la Grande-Bretagne emploie tout procédé qui lui semble bon.

Contre l'Abyssinie, elle lance son amie l'Italie.

Pour le Soudan, elle signifie à l'Égypte l'ordre de l'abandonner. La tutrice renonce pour sa pupille aux droits que celle-ci avait, afin de la spolier elle-même.

Gordon est sacrifié, on lui refuse les deux cents hommes de renfort qu'il réclame et qui doivent lui suffire à repousser les Derviches.

Et le héros du devoir, avant de mourir, semble avoir une vision de l'au-delà. Comme s'il était déjà entré dans le monde où l'injuste n'existe pas, il sent plus vivement l'odieux du rôle qui lui est imposé, et il flétrit la conduite de son gouvernement, marquant à jamais d'un blâme sanglant, dans l'histoire, la politique égoïste des hommes d'État de son pays.

Le Soudan étant abandonné, il devait désormais appartenir au premier occupant.

L'Angleterre cherchait néanmoins à s'y créer un droit de préemption par un bail conclu avec le Congo Belge. Le plan de la convention anglo-belge, dénoncée par les puissances, dut être abandonné.

C'est en vertu du droit bien établi de *Res nullius* que le commandant Marchand, chargé par le gouvernement français d'occuper le poste de Fachoda, remplit sa mission avec le succès, avec le courage, avec l'habileté auxquels la France entière a été heureuse d'applaudir. Je puis dire que le gouvernement abyssin n'a pas manqué à ses engagements.

Nous sommes tous fiers de Marchand !

Peut-être un jour lui sera-t-il permis de raconter par qu'ells épreuves il a passé, quelles difficultés il a rencontrées, quels obstacles surmontés.

Vous devrez alors, en connaissance de cause, rendre à son œuvre un hommage supérieur encore à celui que vous lui rendez déjà dans votre simple bon sens de Français et de patriotes.

Le drapeau français planté aux rives du Nil, c'était l'écroulement du plan anglais. Ce ne pouvait être, ce ne devait être, ce n'a pas été. La théorie anglaise a été changée du tout au tout. Les droits de l'Egypte, tantôt répudiés, furent invoqués de nouveau. La légitime suzeraine, la Turquie, fut laissée de côté, et de fait la route se trouva libre au pavillon anglais du Caire aux grands lacs.

Sur la côte orientale, un établissement anglais avait été fondé, par le protectorat du Zanzibar. Nous avions renoncé à nos droits sur cette région, contre la reconnaissance de nos droits sur Madagascar. Nous donnions quelque chose à nous, pour garder quelque chose à nous.

Au sud de l'Afrique, une colonie fondée au dix-septième siècle, par des Hollandais et des réfugiés français, fut refoulée au nord, au commencement du dix-neuvième siècle, par les Anglais. La république d'Orange se constitua.

En 1848, devant une nouvelle attaque anglaise aussi injuste que la précédente, des Boërs franchirent le Vaal et fondèrent cette république dont l'indépendance était reconnue quatre ans plus tard par le traité de Sand-River. Le président du Transvaal s'appelait alors Prétorius.

Pendant les années qui suivirent, une révolution se produit dans les républiques sud-africaines. Des gisements aurifères sont découverts. Le général Joubert devait, dans une inspiration prophétique, deviner quelle influence aurait pour la vie et la tranquillité de ses compatriotes la rencontre des masses métalliques.

Où l'or apparaissait, il n'y avait plus d'indépendance qui tint. Le voyageur était sur la route, les Bâtiers (pour ne pas dire les Bours, qu'on me pardonne un mauvais jeu de mots) devaient devenir Anglais. Telle était la théorie d'outre-Manche. Mais si Al-

2

bion savait mettre dans ses intérêts le Dieu d'Israël, il s'agissait de savoir si elle aurait une fois de plus l'habileté de confondre son droit avec sa force. La journée de Majuba en décida autrement. La politique anglaise montra alors, dans le revers, la sagesse qu'elle avait su montrer vingt années auparavant, lorsqu'après avoir défait à grands frais d'hommes et d'argent l'empereur Théodoros à Magdala, elle limitait sa marche et ses réclamations.

Elle avait en 1881 Gladstone. Celui-ci n'écrivait-il pas alors : « Nous avons fait tort au Transvaal ; nous lui devons réparation » ?

Une convention de 1881 conserva à l'Angleterre un protectorat dont ne fit plus mention un traité de 1884.

La puissance qui avait éprouvé un échec conservait simplement un droit de véto, durant six mois, pour les traités extérieurs du Transvaal, autres que ceux conclus avec Orange.

Tout fut alors mis en œuvre pour faire échouer la construction du chemin de fer du Transvaal à Lorenzo-Marquès. La vaste rade, qu'un arbitrage du maréchal de Mac-Mahon avait su conserver au Portugal, tentait singulièrement l'Angleterre. Admirablement placée sur la route des Indes, face à Madagascar, la baie de Delagoa, en même temps qu'elle pouvait offrir un abri sûr à des flottes entières, se trouvait être en même temps le débouché naturel de considérables gisements de charbon.

L'Europe doit à la fermeté du Portugal d'avoir conservé à l'abri de la griffe britannique ce point qui intéresse toutes les puissances.

Et le Transvaal a eu le mérite de ne pas tomber dans le piège qui lui était tendu pour le désintéresser de la question lorsqu'on lui offrait, plus au sud, un accès à la mer.

Pour comprendre les intentions de l'Angleterre dans ces régions, nous devons revenir à l'idée maîtresse qui la dirigeait. Avec

la découverte des gisements aurifères et dia-
mantifères du sud de l'Afrique, se formait,
en effet, prenait corps le projet dont l'em-
bryon avait semblé, jusque-là, inspirer la
politique anglaise en Afrique.

Voici le plan : la riche terre d'Égypte, le
limon fécond du Nil, seront reliés aux masses
métalliques des plateaux boërs. Du nord au
sud de l'Afrique, l'agriculture et l'industrie
seront ainsi étroitement et commercialement
unies, à travers le plus beau champ d'exploitation qui puisse être conçu, sous le pavillon
britannique. On dressera, suivant la pitto-
resque expression de Grosclaude, une co-
lonne vertébrale d'acier au continent noir.

L'idée n'est pas trop vaste pour les cer-
veaux britanniques, surtout pour les cer-
veaux britanno-africains.

Sur la masse aurifère des Rands s'est
éclose, en une sorte de génération spon-
tanée, comme les larves d'une terre trop
grasse, une race d'hommes qui, tenant l'or
pour foi, pour loi, pour droit, croient toute

entreprise permise du moment qu'elle a la fortune pour but.

Ces frères cadets des Anglais, en poussant à l'extrême les théories de leurs aînés, ont obligé ceux-ci à les suivre.

Un homme s'est fait l'apôtre de l'idée ; à la suite de M. Rhodes, ses partisans, comme s'ils étaient éblouis par l'ardeur du métal, ont vu grand partout : grand dans les projets, grand dans les actions, grand dans les compagnies à charte. On a cru qu'il y aurait toujours de l'argent, et qu'avec de l'argent on viendrait à bout de tout. Les échecs momentanés dans diverses tentatives, le bluffage d'une Compagnie qui suspend sans cesse au-dessus de l'Angleterre la menace d'un effroyable Panama, tout cela était compté pour peu de chose.

« Nous avons de l'argent, disait-on ; forcément les choses s'arrangeront à notre gré. »

On parlait ainsi jusqu'à ce qu'on vînt aux réalités.

Matériellement, la construction de ce chemin de fer ne serait pas, dit-on, chose aisée. Certaines régions de hautes montagnes, au sud des grands lacs, ne pourraient être franchies facilement. Politiquement, il faudrait obtenir le droit de passage sur l'Est-Africain allemand. Et malgré les avantages purement commerciaux et presque politiquement désintéressés qu'a mis en lumière à Berlin M. Rhodes, il ne semble pas que l'empereur soit bien disposé à *internationaliser* une route qui traverserait son territoire.

Les obstacles les plus sérieux à la réalisation du rêve du Caire au Cap sont l'Abyssinie et le Transvaal.

Non loin de l'océan auquel ils ne touchent pas, les plateaux éthiopiens et boërs, appuyés au bourrelet qui entoure l'Afrique et interrompt, par des seuils, la navigabilité des grands cours d'eau, semblent avoir été placés au nord et au sud comme des rochers imprenables, contre lesquels viendront impitoyablement se briser les flots du courant anglais.

Les habitants sont bien différents :

En Éthiopie, ce sont des noirs, d'origine indo-européenne, il est vrai, des guerriers qui, pendant plus de 1,400 ans, ont su défendre leur foi et sauvegarder leur indépendance au milieu des remous des guerres ou des invasions qui ont ensanglanté l'Afrique du Nord.

Au Transvaal, des pasteurs, des colons hollandais et français venus il y a deux siècles; race solide, d'autant plus attachée au sol qu'elle défend qu'elle vient plus récemment de l'arracher à la barbarie, qu'elle l'a fécondé d'un sang encore plus chaud, qu'elle a plus présente à l'esprit les luttes et les souffrances communes dont l'ensemble forme l'apanage des traditions nationales.

Rien donc de commun entre ces deux peuples séparés par des millions de kilomètres ! Si pourtant : la foi en Dieu et la conscience de son droit. La Bible et la Patrie !

Lorsqu'un voyageur novice remarque chez un peuple un instrument ressemblant à un autre qu'il a vu chez un autre peuple, il est d'abord tenté d'en tirer des conclusions de communications ou de traditions communes.

Il n'en est souvent rien.

Ce n'est que coïncidence. On doit avoir présente à l'esprit cette loi ethnique : « Dans les milieux analogues, les hommes se servent de moyens analogues pour arriver à des résultats analogues. »

Ce que je viens de dire peut parfaitement s'appliquer à l'Abyssinie et au Transvaal.

L'Italie a fait la guerre à l'Abyssinie. Elle l'a déclarée à la suite d'une discussion sur l'interprétation d'une clause d'un traité.

L'Italie avait fourni auparavant beaucoup d'armes à l'Abyssinie.

Elle avait aussi arrosé de ses fonds secrets quelques bons fonctionnaires éthiopiens qui s'empressaient d'en informer l'empereur, et de verser ces pots-de-vin à une caisse militaire.

Un ministère italien désirait beaucoup une victoire.

Un général montra une certaine impéritie. Les Abyssins semblent avoir attiré les Italiens dans les défilés qui mènent à leurs plateaux.

Les assaillants se trouvaient en plusieurs colonnes qui furent battues les unes après les autres sans s'être entre-secourues.

Enfin un Français, M. Chefneu (j'aurai occasion d'en reparler), avait annoncé la défaite italienne.

Changez les noms ; vous avez sauté trois mille kilomètres et vous vous trouverez sur les plateaux boers.

Était aussi singulièrement renseigné M. Grosclaude lorsqu'il disait, le 2 février 1899, c'est-à-dire quelques mois avant la déclaration de guerre :

« Il (le chemin de fer de Lorenzo-Marquès au Transvaal) a d'ailleurs transporté depuis lors, sur divers points du territoire, des *armements considérables* venus d'Europe et qui garantissent aujourd'hui la sécurité de cette vaillante République contre les convoitises d'alentour. »

Il n'eût peut-être pas fallu beaucoup de fonds secrets à lord Salisbury pour avoir ce document.

Messieurs, j'ai essayé de vous indiquer aussi brièvement que possible, en négligeant des questions pourtant de la plus haute importance comme celle du Congo belge, quel était le but de la politique anglaise en Afrique pendant ces dernières années et à quels obstacles elle pouvait se heurter.

Je n'ai presque parlé que de l'Angleterre, car c'est à ses aspirations que sont dus les principaux conflits dont le continent Noir vient d'être et est encore le théâtre.

Le rêve anglais s'accomplira-t-il?

La dernière partie s'engage en ce moment.

Ce n'est plus de politique ténébreuse ou d'insinuations qu'il s'agit. Les cartes sont retournées, nous connaissons les besoins de l'Angleterre, ses appétits énormes ; les nécessités de son commerce décadent nous apparaissent.

Les théories impériales avec leurs dangers pour nous, et peut-être aussi pour leurs promoteurs eux-mêmes, avec l'obligation de la main-mise sur la domination du monde, sont dévoilées. On reconnaît déjà un peu tard la puissance que donne à celui qui la possède la gigantesque toile d'araignée étendue sur les mers, et dont la trame est faite des câbles télégraphiques.

Des gens avisés songent déjà qu'en se battant pour leur patrie les Boërs combattent pour nous tous, car ils défendent contre les envahisseurs sans scrupules la sainte cause de la liberté et du droit des nations.

Nous avons le droit et le devoir de nous préoccuper de l'issue de la lutte. Quelle qu'elle soit, il est évident que la durée même et les conditions de la résistance opposée jusqu'à maintenant par les Boërs à l'envahissement de leurs plateaux, sont des considérations qui doivent singulièrement grandir à nos yeux l'importance de l'Abyssinie et attirer notre attention plus que jamais sur cette contrée.

Il serait long et je n'ai pas la prétention de vous décrire ici en quelques mots l'Abyssinie dont je ne connais d'ailleurs qu'une faible partie.

Voici ce que je vais vous proposer.

Je vous invite à faire avec moi le voyage de Djibouti, possession française, jusqu'à Addis-Ababa, capitale des Etats du Négus MÉNÉLICK.

Quelques mots expliquant chaque projection photographique vous permettront peut-être de vous faire une opinion, si rapidement puisse-t-elle se former des régions que nous traversons et de ses habitants.

L'Abyssinie s'étend sur une superficie supérieure à celle de la France. Le plateau offre assez l'aspect d'une carte en relief renversée, c'est-à-dire que les grandes profondeurs remplacent ce qui en d'autres pays serait de grandes hauteurs.

L'altitude moyenne est de 800 à 1;000 mètres. Le climat est tempéré, est sain. La population, d'origine très variée, semble se rattacher à deux races principales : la race amharique et la race galla.

Le type dominant, coloration à part, a le caractère européen. On retrouve fréquemment des traits sémites et arabes.

On évalue généralement le chiffre de la population à une dizaine de millions d'habitants, capable de fournir en cas de guerre facilement 300,000 soldats, lesquels seraient actuellement armés de fusils à tir rapide. Les Abyssins possèdent plus de 500,000 fusils de guerre. Ceci est une considération qui a son importance, lorsqu'on se demande de quel poids pourrait peser le facteur éthiopien dans la balance de la politique africaine.

Il ne faut pas oublier qu'en 1868, lord Napier n'avait affaire qu'à 60,000 hommes

de Théodoros, mal armés, et que le succès.
de Magdala coûta un prix excessivement
élevé pour l'époque.

De plus récentes expériences ont appris
qu'on ne se frottait pas impunément aux
soldats de Ménélik.

Le gouvernement est féodal ; le pays est
divisé en provinces gouvernées par des ras
qui forment le Conseil de l'Empire. Au-dessus, le Négus, qui a souvent fort à faire
pour mettre à la raison ses vassaux.

L'esclavage est aboli, et la féodalité abyssine n'est pas contraire aux aspirations de
la démocratie.

Je me souviens d'avoir trouvé le salaire,
demandé par un homme à Addis-Ababa, trop
élevé ; et comme je lui faisais remarquer que
chez l'empereur il n'en recevait pas le quart :
« Chez vous, me fut-il répondu, je ne puis
arriver à rien. En travaillant chez l'empereur, je puis devenir dedjaz (général) et
même ras (gouverneur). »

La religion abyssine est chrétienne ; c'est

un schisme importé au quatrième siècle. Un évêque nommé Abouna est donné ou plutôt cédé moyennant finances à l'Abyssinie par le patriarche d'Alexandrie. Son rôle semble plutôt figuratif et on ne peut prévoir le temps où l'importation de ce personnage ne semblera pas indispensable.

A côté de lui, un clergé séculier et des moines abyssins.

Je voudrais vous dire deux mots du caractère abyssin et de l'opinion qu'il donne à ceux qui ont à le juger.

Je ne crois pas mieux faire que de vous répéter ce que j'écrivais l'été 1898 à Harrar :

« En rentrant chez moi, je me remémore
« ce que je viens de voir et je me demande
« si mes impressions me donnent un juste
« sentiment de ce qu'est le peuple abyssin.
« Tant de voyageurs français viennent de
« redescendre tous plus ou moins désillu-
« sionnés sur le compte de l'Abyssinie et des
« Abyssins, que je suis à me demander si je
« ne fais pas erreur en persistant dans l'opi-

« nion que je me suis faite l'an dernier.

« Pour voir juste, à moins de rester dans une
« impartialité rare, il ne faut pas que l'objet
« à juger soit pour vous un sujet quelconque
« de mécontentement. Or, ils sont mécon-
« tents ceux qui espéraient trouver ici monts
« et merveilles et qui n'ont rien obtenu ; mé-
« contents, ceux qui ont eu à se plaindre de
« leurs domestiques ; mécontents, ceux qui
« avaient pensé voir dans le peuple abyssin
« une nation arrivée déjà à un même haut
« point de civilisation que nous, et qui se
« sont aperçus qu'ils s'étaient trompés. Ils
« ont voulu coûte que coûte établir des com-
« paraisons ; ils ont oublié qu'en mettant le
« pied sur le plateau d'Ethiopie, on recule
« de plusieurs siècles ; voyant qu'ils s'étaient
« trompés, ils ont passé d'un extrême à l'au-
« tre. Pour eux les Abyssins sont sur le
« même rang que les nègres de l'Afrique ;
« où il y a un abîme, ils n'ont vu qu'un pas à
« franchir.

« Les désillusionnés ont demandé ce qu'ils

« ne pouvaient avoir, ont cherché ce qu'ils
« ne pouvaient trouver; et au lieu de s'en
« prendre à eux-mêmes de n'avoir pas réussi
« dans leurs vœux, ils s'en sont pris à leur
« objectif.

  « Que de gens qui, préoccupés seulement
« des intérêts matériels, croient que la force
« vitale d'un peuple ne se juge qu'à sa pro-
« duction, et oublient que son énergie se dé-
« note aussi par la hauteur de ses sentiments,
« par sa foi, par son courage. On reproche à
« l'Abyssinie de vouloir rester trop fermée à
« son peuple, de repousser trop obstinément
« l'invasion des étrangers, de trop dédaigner
« les bienfaits de la civilisation, de s'achar-
« ner avec trop de ténacité à défendre ses
« croyances et son sol. Voilà une longue suite
« de siècles que la petite race abyssine se
« maintient sur ses plateaux, comme sur une
« île au milieu de l'océan musulman, a su
« conserver sa foi intacte et garder sa liberté.

  « A sa place, je serais fière du reproche
« qui m'est fait. Tôt ou tard, l'Abyssinie sera

« prise par la civilisation, elle n'échappera
« pas au courant devant qui rien ne résiste ;
« elle subira l'invasion des civilisés, j'allais
« dire des barbares. Sera-ce un bien pour
« elle ? Dieu le sait.

« En tous cas, on ne pourra lui reprocher
« de s'être livrée aux premiers venus d'Eu-
« rope ; elle aura sauvegardé sa pudeur et sa
« fierté !

« Pour ma part, j'avoue que dans ces temps
« de veulerie, où nous voyons de vieux peu-
« ples regarder, avec une indifférence qu'on
« n'eût pas connue jadis, leurs frères par le
« sang ou par la foi, lutter pour leur indépen-
« dance, pour leurs croyances ou pour leur
« droit, je continue à éprouver un certain
« sentiment d'admiration pour ces fils de
« Cham, comme on appelle parfois les Abys-
« sins, qui veulent rester ce qu'ils ont été et
« ce qu'ils sont, maîtres chez eux. »

L'Abyssinie se trouve entourée de tous
côtés de régions basses, chaudes, généralement infertiles. Les principaux débouchés à

la mer sont dans la colonie italienne de l'Erythrée, au protectorat français de la côte des Somalis et aux possessions anglaises de Zeylah et de Berbera.

Photographies de Mgr le prince Henri d'Orléans (Abyssinie).

COMMENTAIRES SUR LES PHOTOGRAPHIES

1 Djibouti, février 1897.	
2 — —	
3 — —	
4 Djibouti et ses environs, mars 1897.	Charge et ennuis des chameaux. — Habitants de Djibouti. — Vue de la ville. — Palais du gouverneur.
5 Djibouti et ses environs, mars 1897.	
6 Djibouti et ses environs, mars 1897.	
7 Djibouti (Maison de M. Lagarde), 1898.	
8 A Zeilah, 1898.	Zeilah. — Petit nombre de fonctionnaires (un fonctionnaire, un secrétaire), 60 hommes de troupe. — Rapport annuel. — Coût de Djibouti.
9 Tadjourah, 1898.	Tadjourah. — Ambabo. — Sagallo. — Eau. — Culture.
10 — —	

11 Camp à Bayadé, 2 mars 1897.	Montée du désert. — Bayadé. — Un Kalam. — Ce n'est pas seulement avec les chameaux qu'on a des difficultés.
12 A Bayadé, 3 mars 1897.	
13 Femmes somalis à Bayadé, 3 mars 1897.	
14 Cuissot de mouton, 4 mars 1897.	Au camp on prépare le feu.
15 Danses somalis à Bijo-Kaboba.	Les réconciliations. — On a bien marché. — Fêtes. — Borama-Bororomsi. — Le chant guerrier.
16 Danses somalis à Bijo-Kaboba.	
17 Moutons avant Bijo-Kaboba.	La route.
18 Eau à Bijo-Kaboba, 9 mars 1897.	
19 Hyène strychinée, Bijo-Kaboba.	Les distractions de la route. — Chasse à l'hyène. — Gazelles.
20 Antilopes et chacals, Bijo-Kaboba, avant Harrar.	
21 Nos camps à Degadgo.	La route.
22 A Biobahey, 12 juillet 1897.	Biobahey. — En été, les puits à eau. — Les troupeaux. — Voici les lions. — Un de tué.
23 A Biobahey, 12 juillet 1897.	
24 A Guérésalé, 10 juillet 1897.	La route.
25 M. de Léontieff à Compolcha, 7 juillet 1897.	Sur le plateau. — L'approche de Harrar. — Les plateaux de Compolcha. — La fertilité succédant à l'aridité des pays bas.

62	A Gotan, 23 et 24 juin.	Retour par la route du désert. — Chez un chef. — Adal Tembako à Gotan. — Des marchandises de commerçants français qui attendent des chameaux. — Guerrier Adal. — Notre abri. — Grande chaleur, 60 kilomètres d'une traite sans eau. — Jeune fille Adal. — Le très célèbre Tembako. — Végétation de la région chaude.
63	— — —	
64	Adals à Gotan.	
65	Jeune fille Adal à Cotan.	
66	Tembako à Gotan, 24 juin 1897.	
67	Avant Djello, 27 juin 1897.	
68	Lac Aramaya, 28 juin 1897.	Retour sur le plateau. — A quelques heures d'Harrar au lac Aramaya, brusque transformation, comme si en quelques heures on passait du sud de l'Algérie en Normandie.

Nous voilà revenus d'Abyssinie. Il importe de nous demander quel intérêt présente pour nous, pour notre commerce, pour notre politique cette contrée, et quels liens doivent l'unir à notre colonie de la côte des Somalis.

Lorsqu'en 1862 nous nous emparions d'Obock, nous ne songions assurément qu'à répondre, en nous établissant sur la côte d'Afrique, à l'extrémité inférieure de la mer Rouge, au récent établissement anglais à Périm, que notre diplomatie avait laissé échapper.

En 1872, un commerçant, M. Arnoux, résolut de nouer commercialement, par une route de caravanes, Obock au Choa; sa proposition fut repoussée par le département de la marine qui lui opposa une fin de non recevoir.

On se souvenait pourtant en Abyssinie des relations d'amitié qui avaient été nouées entre le roi Sahlé-Sallassié et le roi Louis-Philippe, par l'intermédiaire de Rochet d'Héricourt.

La France passait alors en Ethiopie pour la forte, la grande, la généreuse nation. Ménélick écrivait à Gambetta pour réclamer son amitié.

Ce ne fut qu'en 1883 que la France étendit le territoire d'Obock et qu'il devint colonie, de fait sinon de droit.

On comprit alors de quelle importance pouvait être pour nous ce coin français, enfoncé aux flancs de l'Afrique, et pouvant détourner à notre profit une partie du commerce que l'Angleterre compterait faire circuler sur sa ligne idéale nord-sud-africaine.

Nous avons à l'est, en Asie, une situation commerciale analogue ; le Tonkin nous donne une pénétration vers la Chine, vers le plateau du Yunnam, avec l'espoir de dérivation par voie courte du commerce que les Anglais veulent faire passer d'ouest à est par la ligne Calcutta, Yangtsé, Chang-Hay.

Dans le double handicap nous sommes bien placés, il ne tient qu'à nous de ne pas nous laisser devancer.

Pour ce qui regarde la connexité des intérêts de nos possessions avec l'Abyssinie, nous avons plus d'un défenseur ; un convaincu, un apôtre, qui sert la cause française avec la ténacité et l'énergie de la foi. J'ai nommé M. Léon Chefneu. Je suis heureux de l'occasion qui m'est offerte ici de rendre hommage aux services qu'a rendus à son pays ce vaillant Français.

Qu'il me suffise de vous rappeler que c'est M. Chefneu qui a obtenu pour nous, de l'empereur Ménélick, la concession et le monopole des chemins de fer devant relier ses états à la côte ; que c'est lui qui a organisé la compagnie, trouvé les fonds, et mis l'entreprise en train.

Vous pouvez vous rendre compte que c'étaient choses plutôt malaisées ; ce n'est pas, hélas ! du côté éthiopien que sont venus les principaux obstacles, et M. Chefneu a parfois eu là douleur de sentir ses efforts combattus par ceux dont il aurait été le plus en droit d'espérer un appui.

Je sais des esprits chagrins qui souriront en entendant ou en lisant ce que je viens de dire. Par un temps de scepticisme, on aime à chercher les petits côtés des affaires, et il y en a toujours et on se plaît à paraître ensuite bien informé en dénigrant. On ne s'aperçoit pas que même sous le couvert de

l'information, en s'attaquant aux idées gé-
néreuses, aux entreprises utiles pour notre
pays, c'est à lui qu'on nuit, et ce sont nos
ennemis qu'on sert.

Assurément l'établissement du chemin de
fer éthiopien n'est pas sans rencontrer de
nombreuses difficultés ; la construction ne
se fait pas comme dans nos pays lorsqu'on
travaille souvent avec 46 degrés à l'ombre,
et que l'eau est rare ; les capitaux, en outre,
s'ils se dépensent vite, ne font leur entrée
dans l'entreprise que très lentement.

Il a quand même ses 50 kilomètres très
viables, le petit chemin de fer, il aura bientôt
ses 100, et il ira jusqu'au bout, parce qu'il
est poussé par une idée.

Il a déjà franchi un gros obstacle en passant, au kilomètre 20, le ravin de Chébelé
de 160 mètres de large, dont j'ai vu s'élever
les piles dans une vraie fournaise. Il est
actuellement retardé par l'édification du
viaduc de Holl-Holl, de 140 mètres de large.
Les travaux seront promptement terminés.

La voie est préparée au delà et à l'été prochain la locomotive sifflera au kilomètre 109.

« Un chemin de fer, a dit lord Dufferin, « finit toujours par rapporter; une route « coûte toujours. »

« Il est vrai de dire, répète, à la suite du « colonel Thys, Grosclaude, dans sa brochure sur les chemins de fer africains, que « les chemins de fer coloniaux doivent être « considérés non pas seulement comme les « collecteurs du commerce existant, mais « surtout comme des créateurs du trafic. »

L'Ayssinie a un beau sol, un bon climat. Tôt ou tard elle s'ouvrira à la civilisation, au commerce, à l'industrie. Ce seront les premiers arrivés sur place qui en draîneront la richesse.

Peut-être, chez un peuple en retard de plusieurs siècles sur nous, la transformation économique se fera-t-elle lentement. Quoi qu'il arrive, le premier aboutissement du chemin de fer, le Harrar est un pays superbe d'aspect, de culture et de production.

Le chiffre de son mouvement commercial est déjà un garant de l'intérêt qui sera payé en rémunération aux capitaux qui ont été engagés pour le joindre par une voie rapide à la mer.

S'en tenant aux simples données que nous avons, on trouve, pour les exportations de Harrar, 12 millions, et pour les importations 6 millions, dont 3,300,000 fr. de café et 1 million 300,000 fr. d'ivoire. Si l'on songe que la tonne de marchandise, de la côte à Harrar, coûte actuellement 300 francs, on comprend aisément quel intérêt les commerçants, quels qu'ils soient, auront à prendre la voie du chemin de fer pour leurs transports.

A côté de l'intérêt commercial, le chemin de fer aura toujours son intérêt politique, intérêt sur lequel Salisbury semble attirer l'attention, lorsqu'il dit à Glasgow, le 20 mai 1891, en parlant d'un chemin de fer qui serait établi de la côté au Victoria-Nyanza :

« Je ne sais pas, mais je crois que quand « ce chemin de fer pourra être fait, nous au-

« rons mis fin à l'exportation des esclaves
« africains, parce qu'il n'empêchera pas seu-
« lement, comme je vous l'ai expliqué, le passage des caravanes du Victoria-Nyanza
« vers l'Est, mais *il vous mettra en état de*
« *commander la vallée du Nil*, de sorte que des
« esclaves ne pourraient passer de là à la mer
« Rouge. »

« Ne retenons que cette phrase : « Il vous
« mettra en état de commander la vallée du
« Nil. »

Les Anglais savent aller vite en besogne
lorsqu'il s'agit d'œuvres pratiques pour leur
bourse et pour l'intérêt de leur pays. Rendons-leur cette justice. Le chemin de fer de
Monbaza au Victoria-Nyanza est en grande
partie achevé.

Un voyageur aussi, dont vous saluiez il y
a quelques jours l'arrivée, a peut-être, en
plantant le drapeau abyssin au sud du lac
Rodolphe et en occupant effectivement au
nom de Ménélick la région qui entoure le
lac, empêché la nouvelle ligne anglaise de

créer une menace pour l'empereur dans ses provinces équatoriales, et de drainer dans l'avenir un commerce dont nous sommes en droit d'espérer tirer profit.

Il ne m'appartient pas de vous dire maintenant la belle exploration dont M. de Léontieff nous racontera les péripéties et les profits.

Qu'il me soit permis de vous rappeler que si un Russe a pu mettre en train une entreprise, dont la suite, j'espère, aura lieu de nous contenter, nous autres Français, il a compté plusieurs de nos compatriotes parmi ses collaborateurs, et qu'il a eu ainsi que Ménélick à se louer hautement du zèle, du courage, de l'énergie de nos tirailleurs sénégalais, les frères des précieux auxiliaires de Marchand.

Mon intention n'est pas de faire une conférence sur les chemins de fer africains; il me faudrait vous parler de celui de Delagoa-Bay, du chemin de fer du Nil, du Transsaharien dont les études vont se poursuivre

activement et dont nous souhaitons la construction.

J'en passe et des meilleurs. Je voudrais
pourtant vous dire un mot de la construction du chemin de fer du Congo belge.

Un grand patriote lui aussi, un grand colo-
nisateur, un homme dont l'humanité devrait
s'honorer, parce qu'il comprend la civilisation autrement qu'en envoyant des bombes
à son chiffre à des assaillants en légitime
défense ou d'ironiques plum-puddings à
des compatriotes décimés pour satisfaire des
combinaisons financières, le colonel Thys,
conçut l'idée de relier par un chemin de fer
le bassin fluvial du Congo belge à la mer.

Les premiers fonds s'élevèrent à 300,000 fr.
Cette somme avait été obtenue par Thys
d'amis qu'il allait en quelque sorte mendier.

Le capital peu à peu s'augmenta, les travaux commencèrent. Un jour, on se trouva
sans le sou avec un million de déficit.

Actuellement, le chemin de fer est ter-
miné ; le trafic est de 10,108,541 fr. 09 pour

l'exercice 98-99, alors qu'il n'était que de 3,416,698 fr. 37 en 97. Les actions qui étaient de 700 fr. en 97 valent aujourd'hui 2,412 fr. 50, et Thys se trouve à la tête de compagnies, pour l'exploitation du Congo belge, représentant un capital de plus de 90 millions.

Il a réussi et son pays lui en est à juste titre reconnaissant. Son succès a été dû à sa foi, et à la confiance qu'eut en lui et en son œuvre le roi des Belges qui s'engagea personnellement pour plus de 10 millions. De la confiance et de la persévérance du roi des Belges, la nation française est capable.

Messieurs, je voulais vous entretenir exclusivement de questions coloniales, et je me vois obligé de toucher à la politique. Rassurez-vous, elle restera tout extérieure, et je ne ferai d'ailleurs qu'y toucher.

Lorsque nos relations avec l'Abyssinie se resserrèrent, nous eûmes l'idée (j'ai le droit de dire nous) que nos intérêts pouvaient concorder avec ceux de Ménélick pour opposer comme un fait accompli un obstacle pacifique à la marche des Anglais allant du Caire vers le sud.

Le projet choyé par le président Carnot ne fut pas abandonné à sa mort. Mais, par un concours de circonstances qu'il n'appartient pas de discuter ici, il se trouva que l'appui gouvernemental français fut très faible en ce qui regardait la pénétration abyssine. Une sorte de fatalité a semblé peser sur toutes les entreprises françaises ayant l'Egypte ou le Nil pour but. Le traité qui ratifia l'abandon de Fachoda et même celui du Bahr-el-Ghazal, en dépit de certains espoirs dont on nous avait leurrés, ne touche pas la politique de l'empereur Ménélick ; il pourrait tout au plus modifier la nature de la partie que nous avions engagée avec lui, les enjeux n'étant plus les mêmes. La force des choses ou la faiblesse de la diplomatie devaient nous induire à nous occuper désormais moins directement de ce qui se passerait dans la vallée du Nil.

Les événements qui se déroulent actuellement dans les républiques sud-africaines grandissent l'importance du facteur abyssin et bouleversent si bien le *statu quo* africain que nous sommes en droit de nous demander si nous ne devons pas, du côté éthiopien, reprendre certaines conversations interrompues.

L'Abyssinie est à un tournant de l'histoire, puisque c'est le mot à la mode, tant au point de vue de la religion qu'à celui de la civilisation. Elle n'a pas besoin de tuteur. Elle peut aimer des amis que lie avec elle une communauté d'intérêts. Puisque certains périls, qui pouvaient l'engager à une grande réserve et à une grande prudence, se trouvent de longtemps écartés d'elle, sans qu'hélas ! nous y soyons pour rien, elle se trouve plus dégagée, plus libre pour écouter nos propositions. Le champ est retourné, il faut ensemencer. Je suis sûr que si le colonel Marchand, qui a su montrer durant son expédition de telles qualités de diplomate, était

consulté sur le langage à tenir à Addis-
Ababa, il ne se trouverait pas en peine de
répondre.

Vous excuserez, messieurs, la forme énig-
matique de mon langage sur un sujet aussi
délicat que celui que j'ose aborder maintenant. Je souhaite seulement que les rébus se
résolvent, et que les événements ou la volonté de nos gouvernants se chargent de
vous apprendre une vérité claire, limpide,
profitable aux droits et aux intérêts de la
France en Afrique.

« Maintenant, me demanderez-vous peut-
être, qu'avons-nous à faire, nous autres commerçants, en Abyssinie ? Devons-nous y
chercher des débouchés ? »

Je vous répondrai avec la même franchise
avec laquelle j'ai toujours parlé : actuellement il n'y a place sur les plateaux éthiopiens que pour un très petit nombre de
commerçants, que pour des gens très expé-
rimentés, et ayant grande connaissance du
pays et de ses habitants. Pour pouvoir faire

pratiquement des affaires en Abyssinie, le nouveau venu se heurtera à beaucoup de difficultés. La première est un sentiment de défiance éveillé chez un peuple effrayé par une invasion trop rapide et trop subite d'étrangers qui se disent tous venus pour le soutenir.

A chacun son œuvre; laissez le temps, et aussi certains agents de civilisation qui vont lentement mais sûrement, faire la leur. Ils vous prépareront le terrain et vous convieront à la récolte.

Elle sera belle; mais elle n'est pas encore mûre.

Après avoir essayé de vous montrer la place importante qui devait être attribuée à l'Abyssinie, en Afrique, dans l'avenir commercial et dans le présent politique, je serais mal venu de paraître vouloir ensuite la diminuer à vos yeux. Telle n'est pas mon intention; mais il faut simplement mettre les choses en place.

Lorsque, en partant pour l'Ethiopie, je

recevais un millier de demandes de compatriotes désireux de me suivre, je ne pouvais m'empêcher de penser avec un certain serrement de cœur que nous avions des colonies ; que l'Algérie, la Tunisie et plus loin Madagascar, et plus loin encore l'Indo-Chine, les plateaux fertiles de l'Annam et le riche delta du Tonkin, offraient à leur activité le plus beau et le plus vaste champ d'exploitation qui pût être souhaité.

On peut diviser les gens qui veulent partir au loin en trois catégories.

Je mettrai dans la première les esprits débordant d'activité, ou souvent d'imagination qui désirent avoir des aventures.

Ceux-là n'ont qu'à s'engager dans l'infanterie de marine. Au bout de quelques années, ils trouveront peut-être les aventures trop fréquentes à leur gré.

La seconde catégorie comprendra les gens qui veulent faire un court séjour dans les colonies, pensant que la distance de leur déplacement leur vaudra une fortune rapide.

Ces ambitieux de l'or, ces tempéraments de joueurs, feraient mieux de rester chez eux. Leur place n'est pas dans des pays où la rémunération du travail demande encore une plus grande somme d'énergie, de persévérance, de courage que chez nous.

Je vois enfin, parmi les élus de la troisième catégorie, les vrais commerçants, les vrais industriels, les vrais agriculteurs qui se sentent le courage et la ténacité nécessaires pour entreprendre le métier de colon.

Ces hommes d'élite, qui emportent dans leur cœur l'image du foyer, savent en travaillant au loin sur un sol français créer, à côté de la plus grande France, la plus grande patrie ; je les salue avec respect.

Dignes frères de héros qui leur ont ouvert la voie par la conquête, ils parachèvent par le travail l'œuvre de leurs aînés.

Messieurs, je suis heureux de l'occasion qui me permet de parler ainsi au milieu d'industriels et de commerçants.

Il faut qu'en France le commerce soit honoré et estimé ; il faut que les commerçants soient en estime au même degré que ceux qui ont embrassé des carrières libérales.

Je lisais ces temps-ci un livre que je me permets de recommander particulièrement à votre attention : *A quoi tient l'infériorité du commerce français ?* par M. G. Aubert.

L'auteur, passant en revue les différentes causes de la décadence de notre commerce, telles que le manque de crédit et la timidité des capitaux, insiste tout particulièrement sur la supériorité que donne aux Allemands et aux Anglais leur éducation commerciale, commencée dès un très jeune âge.

En Angleterre et en Allemagne, le métier de commerçant est commencé plus tôt que chez nous, est plus répandu, et est plus respecté jusque dans la plus haute société.

En France, on a une trop grande tendance à se lancer dans les professions libérales et gouvernementales, qui se trouvent plus que débordées. Il y a pléthore de médecins, d'avocats, de fonctionnaires.

Ce n'est pas que je n'honore les carrières dites libérales, qui contribuent à donner à notre pays ce beau renom d'intelligence et de civilisation dont nous nous enorgueillissons à juste titre.

Mais on ne se nourrit pas que de livres. Ce qui est vrai pour les particuliers l'est aussi pour l'État : *Mens sana in corpore sano.* On oublie souvent que le corps a besoin d'hygiène.

L'habitude du recours à l'État nous vaut, pour les individus dont l'énergie personnelle est déjà faible, l'annihilation d'une force qui se trouvait à l'état latent et qu'il eût fallu développer ; pour les actifs et les indépendants la création d'entraves qui les empêchent de donner la mesure de leur valeur.

Les Chinois qui, dit-on, sont les premiers commerçants du monde, si forts, jouissent d'une grande liberté commerciale individuelle. Un code né des nécessités de l'intérêt commun et appuyé par la force du droit d'association régit leurs rapports d'affaires souvent mieux que ne pourrait faire une intervention de l'État.

Depuis quelques minutes, je m'aperçois que je ne fais que formuler des critiques sur notre propre compte. C'est une habitude que nous avons de dire du mal de nous-mêmes et de ce qui se passe chez nous.

Il faut assurément voir ses défauts ; mais il ne faut pas non plus tout voir en noir. La lumière, le soleil, la gaieté poussent au travail ; quand on désespère de soi-même, on n'est plus bon à rien. Allez au loin, voyagez, sortez de France pour pouvoir y revenir et vous rendre compte que c'est le plus beau pays du monde. Et nous devons être fiers de notre patrie. Il faut croire en elle ; on ne fait rien sans la foi.

Ayons foi dans l'avenir ; préparons-le avec sagesse, mais aussi avec confiance. La race française a des qualités qui étonnent le monde.

Lorsque la grande ombre de l'Empereur sur le rocher de Sainte-Hèlène voit passer les convois anglais qui se rendent au Cap, il sait qu'ils vont essuyer le feu des canons des vieux Français Joubert et Cronier, prêts à donner leur vie pour l'indépendance de leur pays.

Race généreuse, race des Dupleix, race des Montcalm, race toujours jeune, la vieille France t'anime et te vivifie sans cesse.

Ah! on peut rire de nous, on peut nous plaindre parfois, nous avons nos ridicules, nous avons presque tous des opinions différentes, nous ne nous entendons jamais. Que l'heure du danger sonne pour la patrie, il n'y a plus qu'un drapeau, qu'un cœur; vous le sentez si bien dans votre poitrine. Cette union qui serre nos rangs en face de l'ennemi, nous devons la trouver en temps de paix. Pour le bien de la patrie, nous devons répudier les discordes stériles, et unir nos efforts communs dans l'intérêt de tous.

C'est parce que vous êtes des hommes de

travail, que vous sentez, loin des inutiles et sombres maximes négatives, loin des regrets superflus, loin des songes creux, la nécessité des pratiques positives; c'est parce que je suis sûr de ne trouver maintenant qu'un écho parmi vous, que je vous demande simplement, en vous quittant, de redire avec moi : Vive la France d'hier! Vive la France de demain! Vive la FRANCE!!

ÉMILE COLIN, IMPRIMERIE DE LAGNY (S.-ET-M.)